DE LA PAIRIE

ET

DES PAIRS DE FRANCE.

A PARIS,

Chez
- Ant. BAILLEUL, Imprimeur-Libraire, rue Sainte-Anne, n°. 71;
- DELAUNAY, Libraire, Palais-Royal, galeries de bois, N°. 243;
- CORRÉARD, Libraire, Palais-Royal, galeries de bois, N°. 258.

JUIN 1819.

IMPRIMERIE D'ANT. BAILLEUL,

RUE SAINTE-ANNE, N°. 71.

DE LA PAIRIE

ET

DES PAIRS DE FRANCE.

CHAPITRE PREMIER.

Vues générales.

Il est dans la nature des choses que là où des hommes vivent réunis en société, certaines familles se distinguent par l'éclat des ancêtres, par la possession de grandes richesses, par les vertus et les talens de leurs chefs.

Ce général français exprimait une pensée juste et profonde, qui disait : *Et moi aussi, je serai ancêtre un jour.*

Voilà l'aristocratie prise à son origine. Là,

elle est inoffensive; elle se confond avec toutes les idées de gloire : y prendre rang, c'est le but et la récompense des ames généreuses.

Mais, en s'éloignant de son berceau, l'aristocratie doit nécessairement s'isoler de la classe commune des citoyens, et tendre à se créer des intérêts distincts et séparés : car, ayant plus à perdre dans le bouleversement ou la destruction de la société, il lui importe davantage que la société se conserve.

Alors elle gouverne ou tend à gouverner l'état; elle devient un corps qui ne meurt jamais, qui se perpétue dans des traditions d'orgueil et des préjugés de caste, riche des priviléges surpris à la faiblesse ou usurpés par la force, toujours prêt à s'armer pour les agrandir ou les défendre.

De là les révolutions qui ont agité les états anciens et les états modernes.

En France, la conquête, l'usurpation et la possession immémoriale de la puissance publique, avaient créé une aristocratie formidable. Un roi gouvernait; mais c'était sur les débris de la puissance rivale des pairs de Hugues-Capet et de leurs barons; c'était par les faveurs et les séductions de la cour, que ne dédaignait plus la fière indépendance de ces seigneurs, long-temps indomptés ; c'était, enfin, par les secours d'une aristocratie nouvelle, née à la voix de l'autorité royale, qui ne lui demandait que du dévouement et des richesses.

C'est un grand et noble spectacle que nos rois combattant l'aristocratie des seigneurs par l'affranchissement des communes, et l'aristocratie du clergé par l'affermissement des libertés gallicanes, depuis les premiers Capétiens jusqu'aux jours malheureux où Louis XVI, par une faute funeste, crut la cause du trône liée à celle de eette double aristocratie, que la gloire de ses prédécesseurs était d'avoir vaincue et soumise.

On connaît assez la fin de cette terrible lutte des priviléges contre la liberté. Nous avons vu tomber pièce à pièce, et avec un effroyable fracas, ce vieil édifice qui ne pouvait plus se soutenir, dès que la lumière l'avait pénétré. Tout a été mis au niveau du sillon : corps du clergé, corps de la noblesse, *le trône* lui-même. La révolution en avait emporté jusqu'aux débris : on sait ce qu'il en advint.

Mais lorsque la fortune, se retirant de nous,

amena dans Paris l'Europe en armes, que virent les étrangers dans cette France, si ong-temps livrée aux tempêtes? Une nation fatiguée d'anarchie et de despotisme, renouvelée tout entière dans ses lois et dans ses mœurs, mûre, enfin, pour la liberté. Cette vieille terre de France, remuée jusques dans ses fondemens, ne présentait plus à l'œil étonné qu'une surface unie, propre à recevoir toutes les institutions d'un gouvernement libre.

Le Roi vint : notre nouveau droit public, fruit de vingt-cinq ans de combats, fut par lui reconnu et sanctionné ; et lorsque le premier article de la Charte royale déclare tous les français égaux devant la loi, nous aussi, nous pouvons parler de la glorieuse révolution de 1789.

Ce nouveau droit public, déclaration de toutes nos garanties, gage de paix dans un temps de discorde, aurait péri bientôt sous l'effort des factions qu'il devait contenir ; le dépôt en fut confié à la garde du Roi et de deux Chambres : l'une héréditaire, l'autre élective ; l'une appelée à modérer la lutte inévitable et nécessaire de la démocratie contre la puissance exécutrice ; l'autre destinée à exprimer les besoins du peuple, et à voter des impôts pour prix du redressement de ses griefs : *griefs et subsides se tiennent par la main.*

Le Roi et les deux Chambres, voilà où résident la souveraineté et la toute-puissance : divisés de vues et d'intérêts, ces trois pouvoirs n'auraient de force que pour consommer en quelques années la ruine de notre France ; unis par un patriotisme sincère et par une sagesse éclairée, ils peuvent s'acquérir l'immortel honneur de fonder la liberté de leur pays, et d'y faire luire encore des jours de gloire, au sein d'une paix pleine de dignité.

Une question se présente : ces trois pouvoirs remplissent-ils les conditions essentielles à leur existence, et nécessaires à l'harmonie de leur action ?

Certes, la Charte n'a point désarmé le pouvoir royal ; elle l'a, au contraire, fortifié de tout ce qu'elle a pu ravir à la démocratie, et de toutes les prérogatives qui peuvent l'assurer contre les révolutions de l'avenir.

La Chambre des Députés, recrutée chaque année par une loi excellente, et puisant au sein de la nation une force toujours nouvelle, saura bien, après que le nombre de ses membres aura été mis en harmonie avec l'immense variété d'intérêts qu'elle représente, se défendre elle-même aux jours du danger : soyons tranquilles de ce côté-là.

Mais la pairie ! qui la défendra contre les attaques de deux pouvoirs jaloux, toujours agissans, et entre lesquels elle se trouve placée et comme jetée ? Qui la défendra contre l'impopularité attachée à ses priviléges, et contre ses propres erreurs ?

La Charte, œuvre de sagesse et monument de gloire, a consacré tous les principes d'un bon gouvernement constitutionnel ; mais il faut reconnaître qu'elle a livré, sans en voir tout de suite le danger, aux passions de l'avenir, et même aux passions contemporaines, deux sujets éternels de division : à Dieu ne plaise que ce ne soit point de guerre civile !

Elle a consacré la liberté des cultes, incontestable droit conquis au prix du plus pur sang de nos pères, et auquel est attachée la paix des sociétés modernes, mais en déclarant que la religion catholique, apostolique et romaine, était la religion de l'état.

Elle a implicitement aboli tous les priviléges qui constituaient le régime féodal ; mais en autorisant l'ancienne et la nouvelle noblesse à reprendre ou à conserver leurs titres.

C'était une pensée plus généreuse que politique de vouloir consoler les souvenirs irrités de la vieille aristocratie par des concessions, pur aliment de vanité, ou qui, si on en admet les conséquences rigoureuses, doivent ruiner la Charte par sa base.

A côté de la liberté des cultes, solennellement proclamée, on nous créa donc une religion de l'état : c'était évidemment pour satisfaire aux cris impérieux du clergé catholique. Mais quoique cette expression ne doive, sous peine de désordres et de maux incalculables, être entendue que comme la déclaration d'un fait certain, et antérieurement reconnu par le concordat de 1801 (1), toutefois, voyez comment l'esprit

____

(1) « Le gouvernement de la république reconnaît » que la religion catholique, apostolique et romaine, » est la religion de la grande majorité des citoyens » français. »
Préambule de la convention du 26 messidor an 9, entre le pape et le gouvernement consulaire.

A le bien prendre, une religion de l'état est celle

de parti a déjà profité de ses avantages. Les ministres de la religion catholique ont réclamé et réclameront toujours des priviléges et une protection spéciale : car ils disent que l'état doit protéger sa religion, comme la meilleure partie de lui-même. Si on leur oppose le principe sacré de la liberté des cultes, ils s'écrient que l'état où ce principe est admis sans restriction, est un *état sans Dieu, un état athée.*

Ils montreront, avec tous les prestiges de l'éloquence, leurs prospérités d'autrefois,

---

qui, si on ne la professe, fait qu'on n'est pas de l'état. Ainsi, en Suède, en Angleterre surtout, il y a une religion de l'état, mais une religion exclusive et durement dominante. En France, nous avons des Pairs, des Députés et une foule de fonctionnaires publics qui sont de la religion protestante. Un Roi de France, s'il lui plaisait de revenir aux erreurs abjurées par Henri IV, ne serait certainement pas tenu d'abdiquer sa couronne. Or, qu'est-ce qu'une religion de l'état, dans un pays où la même protection et les mêmes droits sont assurés à tous les cultes ; dans un pays où, suivant l'expression d'un auteur célèbre, l'état n'a ni récompenses pour les sectateurs de sa religion, ni exclusions politiques pour les réfractaires ?

les joies et la puissance utile d'un clergé in-
dépendant et propriétaire, remplacées par
les triomphes de l'impiété révolutionnaire,
par la spoliation de l'Eglise, et par les plaies
encore récentes de ses ministres. La sagesse
du gouvernement sera appelée ingratitude
dans les chaires, en plein air, et jusques
sur les toits. Voilà les missions; je veux dire
l'intolérance politique et religieuse mise en
pratique. Puis, enfin, viendront des ministres de charité, foulant aux pieds la loi fon-
damentale de l'état, et demandant, au nom
du ciel, des restitutions illégales, dans un
intérêt purement humain.

Ainsi, vous aurez porté le trouble dans
ce que l'homme-citoyen a de plus sensible
et de plus irritable, dans sa conscience. La
religion catholique, professée par la très-
grande majorité de la nation française, était
dominante par le fait. Il ne fallait lui laisser
de privilége que celui de la vérité et de sa
sublime origine. Assise, comme religion de
l'état, sur le trône de Constantin, notre
sainte, notre adorable religion obtint-elle
plus de respects, eut-elle plus de puissance
sur les cœurs, que lorsqu'elle gémissait ré-
fugiée dans les catacombes ?

Vous avez conservé la nouvelle noblesse, et autorisé l'ancienne à reprendre ses titres!

D'abord, ces titres nouveaux et ces titres anciens ne sont plus que des hochets pour l'orgueil; car une noblesse sans privilége est une utopie; ce n'est rien. Tous les citoyens, nobles ou roturiers, étant égaux devant la loi, ces titres, par lesquels ils prétendent se distinguer, peuvent leur être donnés par courtoisie ou refusés par humeur; et aucune puissance ne s'y attachant, ce sont sobriquets plus ou moins sonores, qu'on usurpe ou qu'on laisse, sans grand dommage pour l'ordre public. Croyez qu'un nom vraiment historique n'empruntera aucun éclat d'un titre suranné, pas plus qu'un nom obscur n'en sera illustré!

Ensuite, ces deux noblesses que vous avez voulu confondre par une transaction solennelle, resteront toujours ennemies; amalgamées et non réunies, l'une se croira toujours avilie ou méprisée par le voisinage de l'autre.

Enfin, et c'est ce qui est plus dangereux, ces titres représentent une puissance qui n'existe plus, qui ne doit plus exister dans notre nouvel ordre constitutionnel. Détachés

irrévocablement de la seigneurie territo-
riale, portés maintenant par les anciens seigneurs, ces titres sont une protestation perpétuelle de l'ancien régime contre le nouveau ; ils mettent forcément le seigneur
d'autrefois en état d'hostilité contre le propriétaire actuel, entre les mains duquel se
trouve le domaine utile de la seigneurie.
C'est à quoi il faut surtout attribuer cette
guerre sourde et menaçante de l'aristocratie
ancienne contre l'aristocratie de la révolution, ces partis qui couvrent la France, ces
sociétés secrètes et invisibles, prêtes à se
soulever au premier signal.

Déjà n'avez - vous pas entendu flétrir,
sous le nom d'intérêts moraux de la révolution, les intérêts réels de la plupart des
citoyens ; et tous les principes de liberté
qui sont sortis de ce long combat de toutes
les passions humaines ? N'avons - nous pas
entendu reprocher à nos princes d'avoir
rétabli leur légitimité au milieu de toutes
les illégitimités révolutionnaires ? Il n'y a
rien là qui doive étonner : le clergé, la
noblesse ont été vaincus ; ils se croient in-
justement dépouillés ; il est naturel que leurs
débris se consolent entr'eux, qu'ils s'unissent

par des ressentimens communs, et que, mar-
chant à reculons, ils s'efforcent de nous faire
rétrograder vers cet âge d'or, où la nation
était gouvernée par eux et pour eux.

Ces efforts seront vains : car on ferait
plutôt rebrousser le cours d'un fleuve
que la marche de l'esprit humain. Mais
voilà par où nos institutions sont attaquées,
et seront peut-être mises en péril ; voilà par
où périrait la France constitutionnelle, si
jamais cette noble France pouvait périr.

Il n'est pas de mon sujet d'examiner par
quelle série de fautes, d'abord inaperçues,
nous avons été conduits à ces extrémités ; il
me suffit d'avoir constaté ces dangers évidens
pour tout esprit impartial et raisonnable. Je
ne veux examiner que cette question, dont
chaque jour accroît l'importance : Etait-il
impossible à des ministres habiles, soutenus
par la main sage qui nous donna la Charte, de
conjurer le retour des révolutions, par une
forte et solide alliance entre le passé et le
présent ?

Ces dangers venaient et viennent encore de l'aristoctatie : on ne peut le nier,
et je crois l'avoir démontré. Mais comme
l'aristocratie est de l'essence de toute sa-

ciété ; comme elle se compose, en France, d'élémens ennemis entr'eux, affaiblis par l'opinion, mais puissans encore par je ne sais quelle force secrète qui ne manque jamais à qui veut troubler un état ; comme, en définitif, cette aristocratie existe, et qu'elle ne peut être détruite, il fallait paralyser sa turbulente ambition, en lui assignant, dans l'organisation sociale, une place où son action, devenue régulière, pût s'exercer sans danger, et même avec profit, pour l'intérêt général.

Cette place, c'était la Chambre des Pairs.

CHAPITRE II.

Des Pairs de France.

Le nom et la forme extérieure de notre Chambre des pairs ont été empruntés à la constitution anglaise; notre pairie est, au fond, très-différente.

En Angleterre, la pairie est toute féodale, et reste encore empreinte des marques de son origine. Elle a résisté aux révolutions de ce pays, comme toute institution qui tient en quelque sorte à la vertu du sol. Elle a été, pendant les orages politiques, suspendue, mais non détruite; comme, chez nous, la monarchie.

En France, c'est une institution toute nouvelle, transplantée d'un pays à l'autre, mais accommodée au temps et à la nation. Louis XVIII a porté chez nous la pairie d'Angleterre, comme autrefois Guillaume-le-Conquérant porta tout d'une pièce, en Angleterre, le régime féodal de France. La féodalité, transportée ainsi d'un pays à l'au-tre, avait produit des fruits bien différens chez les deux peuples : chez l'un, la liberté ; chez l'autre, la monarchie absolue. Il arrivera de même que la pairie, formée en Angleterre par la puissance du temps, et, en France, par la puissance d'un législateur éclairé, produira des effets tout différens, qu'il est difficile de déterminer avec précision.

Nous pouvons déjà le dire avec orgueil : tout mutilés que nous sommes par des révolutions récentes et par l'invasion étrangère, nous avons, par le fait, plus de liberté que les anglais, et nous serons un jour en avant de l'Angleterre dans la science de la liberté constitutionnelle.

En France, tous nos pairs ont une origine commune; leur titre est dans la Charte; et le duc d'Uzès a une noblesse constitutionnelle de même date que le marquis Fontanes ou le marquis Barthélemy.

En France, on peut définir la pairie une portion de la souveraineté que le Roi a dû aliéner, et qu'il peut aliéner encore à un certain nombre de citoyens illustres, pour être héréditaire dans leurs familles, de mâle en mâle, et par ordre de primogéniture. Tout fils aîné de pair est législateur-né de son pays.

En Angleterre, la pairie est bien aussi une portion de la souveraineté ; mais à la différence de la nôtre, qui est seulement une haute magistrature, que de grandes considérations politiques ont fait rendre héréditaire, la pairie anglaise se transmet comme un patrimoine, comme un bien de famille, même aux branches collatérales, jusqu'à l'extinction des héritiers successibles.

De là le privilége, pour un pair absent, de voter par procuration ; de là la suspension de l'exercice de la pairie, quand elle échoit à un titulaire qui n'a point la capacité politique, ou à des filles, lorsqu'il n'y a point d'héritier mâle (1).

Jamais prince législateur n'eut moins d'obstacles à vaincre, ne fut favorisé de circonstances plus heureuses que le nôtre, aux jours de la restauration, pour asseoir sur des fondemens durables l'institution de la pairie.

Le peuple avait été long-temps ivre d'égalité ; mais la noblesse impériale, qui n'a-

____

(1) Nous ne parlons que de la pairie anglaise proprement dite, et non de la pairie d'Ecosse et d'Irlande.

vait pas encore eu le temps de se rendre
ennemie, parce qu'elle avait été instituée
sans priviléges, avait conservé tout l'éclat
des services récens ou des hauts faits dont
elle avait été le prix. Comme elle était encore à son berceau, comme elle n'était point
séparée des emplois ou du mérite personnel
auxquels elle avait été donnée, le peuple y
attachait l'idée d'une puissance positive dans
l'état (1). C'est ainsi que les esprits avaient
été préparés à voir une grande institution
aristocratique s'élever à côté du trône ; destinée à en augmenter l'éclat, et à y participer,
comme aussi à modérer la démocratie, cette
autre puissance, toujours active, et qu'on
avait éprouvée si funeste.

La Charte institua la pairie ; et la Chambre des pairs reçut le magnifique privilége
de représenter héréditairement les intérêts

---

(1) *Bernadote est passé roi*, disait un soldat français. Cette expression rend avec une justesse naïve
l'idée alors populaire et vraie, que des fonctions plus
ou moins élevées dans l'état, étaient toujours attachées
aux titres de chevaliers, de barons, de comtes, de
ducs, et même de roi : aussi cette noblesse, quoi qu'en
ait dit une femme célèbre, ne fut ridicule que dans les
salons du faubourg Saint-Germain.

de l'aristocratie française, et de garder, d'accord avec le Roi et la Chambre des députés, le dépôt de nos libertés nouvelles.

Admirable institution, qui, bien entendue et franchement acceptée, eût offert un noble but à toutes les ambitions, et mis pour toujours l'état à l'abri de ces dangers communs aux gouvernemens libres, lorsqu'un citoyen, élevé par des services éclatans, au faîte des honneurs, obtient cette popularité périlleuse qui le pousse, quelquefois malgré lui, jusqu'à faire ombrage au pouvoir !

Telle fut la pensée du Monarque. Si cette pensée eût été comprise par des ministres habiles, la pairie serait facilement devenue une institution nationale; le peuple l'eût accueillie, non comme une puissance ennemie, mais comme une puissance protectrice. En effet, quoique rapetissée par de mesquines combinaisons, voyez les services qu'elle a rendus à la France.

En 1814, le gouvernement du Roi composa la Chambre des pairs des anciens pairs et ducs du royaume, de la majorité du sénat impérial, et de quelques autres citoyens distingués. L'aristocratie, née de la révolution, dominait dans cette Chambre. Sans examiner, quant à présent, si on fit alors tout ce qu'on aurait dû faire, il faut reconnaître que cette assemblée ne fut point au-dessous de ce que la nation attendait d'elle; elle se montra sage, prévoyante, amie de la liberté.

Un ministre, après avoir arraché à la Chambre des députés une loi sur la censure des livres et journaux, vint, par un misérable subterfuge, présenter à la Chambre des pairs cette loi essentiellement transitoire, comme une loi perpétuelle et organique de la Charte.

On se souvient encore des discours courageux qui, dévoilant cette tortueuse politique, forcèrent l'astucieux ministre à reconnaître le vrai caractère de sa loi.

On se souvient de la faveur avec laquelle fut entendu le maréchal Macdonald, demandant des indemnités pour les émigrés dépouillés de leurs biens, en même temps que pour les militaires victimes de l'invasion des pays où étaient situés leurs majorats. Cette proposition, devenue loi, n'aurait satisfait qu'un petit nombre de ces émigrés, qu'on voulait à tout prix réconcilier avec la nation : car,

il faut le dire à l'honneur de la noblesse française, c'est moins d'argent que de puissance
qu'elle est avide. On se serait donc trompé.
Mais quand il s'agissait de réunir par les
mêmes largesses des infortunes souffertes,
au nom de la France, dans des camps différens, l'erreur sur les moyens était permise,
elle était louable.

On se souvient avec quelle noble fermeté
cette assemblée refusa de délibérer sur des
mesures révolutionnaires qu'on lui propo-
sait d'ériger en lois, dans les déplorables
jours qui précédèrent le 20 mars 1815.

Un dernier, mais signalé, mais éclatant
service, fut rendu à la liberté par cette
Chambre, quoique recomposée de nouveaux
élémens, et, en quelque sorte, décimée
par l'ordonnance du 24 juillet, lorsqu'elle
rejeta la loi d'élections qu'avait improvi-
sée, dans le cours de ses tristes prospérités,
cette assemblée de 1815, qui se prétendait
insolemment plus noble que les pairs de
France, plus royaliste que le Roi, et, je crois,
plus catholique que le pape.

Que ne puis-je la louer encore d'avoir,
après l'ordonnance du 5 septembre, accepté
les lois vraiment nationales des élections et

du recrutement ! Mais là reconnaissance reste-t-elle un devoir, quand la main du bienfaiteur s'est étendue pour retirer violemment le bienfait ?

J'ai dit le bien; je vais dire avec la même franchise le mal et les causes du mal, laissant à de plus habiles le soin d'indiquer les remèdes.

La pairie a été conçue avec grandeur ; mais malheureusement la Chambre des pairs, telle qu'elle existe, n'a été ni organisée avec politique, ni conduite avec prudence.

On peut dire qu'elle a été faite, telle que nous la voyons, par le hasard des événemens, ou plutôt par des coups d'état.

En 1814, on voulut transiger avec les prétentions que le sénat avait manifestées dans sa déclaration de droits, rédigée à la hâte, après la déchéance de Napoléon. On fit donc pairs de France tous les sénateurs, hormis quelques-uns dont les noms étaient odieux ou déplaisaient.

Mais on ne pouvait, suivant l'expression du marquis de Moncade, *encanailler* héréditairement les anciens ducs et pairs pêle-mêle avec les sénateurs de Bonaparte. On mit donc dans la Charte que le Roi pourrait

à volonté créer des pairs à vie ou hérédi-
taires : disposition détestable, qui, si le
Roi n'avait renoncé au droit de s'en préva-
loir à l'avenir (1), mettrait tous les pairs à
vie dans la main du gouvernement. Mais
cette disposition avait été faite évidemment
pour les pairs-sénateurs, qui, presque tous
vieux et infirmes, devaient disparaître in-
sensiblement, et, dans un temps donné,
laisser leur place aux noms historiques de
l'ancienne monarchie.

Déplorable politique qui, lorsque tout
était détruit, ne savait rien fonder, si ce
n'est pourtant l'anarchie de mille prétentions
diverses.

C'était un grand malheur que ce sentiment
d'instabilité mis dans le premier corps de
l'état, qui, par sa nature, devait être im-
muable comme le trône et la Charte.

Un plus grand malheur fut l'exclusion ar-
bitraire d'un certain nombre de pairs de

---

(1) Une simple ordonnance a manifesté à cet égard
l'intention du Roi. Mais le successeur, mais le Roi
lui-même peut-il être lié autrement que par une loi,
lorsqu'il s'agit d'aliéner une prérogative réservée à la
couronne par la Charte ?

France ; exclusion prononcée par l'ordonnance du 24 juillet 1815.

Je ne veux point examiner les motifs de cette étonnante mesure , ni les moyens par lesquels auraient pu se défendre , si cela leur eût été permis , des hommes honorables , qui , dans une crise inouie , s'étaient vus appelés à modérer un pouvoir menaçant et terrible , et peut-être à sauver leur pays d'une dictature militaire. Mais ils devaient être jugés, et jugés par leurs pairs : c'était leur droit; c'était même le devoir de la Chambre de les réclamer comme ses justiciables (1). Il n'en fut point ainsi. La dignité , la stabilité de la pairie souffriront long-temps de cet outrage : car c'est un *précédent* qu'on invoquera un jour , n'en doutez point , que cette ordonnance par laquelle le pouvoir exécutif a

---

(1) La Chambre des pairs ne méconnut-elle point sa dignité , lorsqu'elle souffrit que le maréchal Ney , l'un de ses membres , pour des faits antérieurs au 20 mars , fût livré à une juridiction militaire, comme un sous-lieutenant qui aurait manqué à la discipline ? Puisque, sur le refus de la commission, elle put le juger ensuite , ne pouvait-elle le réclamer d'abord ?

mutilé un des grands corps de l'état, sans formalité de jugement.

Je veux présenter une seule hypothèse qui me fera mieux comprendre : supposez qu'un pair de France se fût fait entrepreneur d'un pamphlet qu'il qualifierait journal, et où il ne craindrait pas de prostituer un beau talent à flétrir, chaque semaine, au profit d'un parti, une nation dont les droits lui sont confiés. Une ordonnance vient tout à coup l'exclure de la Chambre des pairs, sur ce double motif, « 1°. qu'il y a certaines pro-
» fessions, et notamment celle d'entrepre-
» neur de pamphlets, qui avilissent la pairie,
» et sont même incompatibles avec elle ;
» 2°. qu'un pair de France qui s'obstine à
» garder une profession dont la nature est de
» l'exposer chaque jour à des injures et à
» des outrages, doit nécessairement, et par
» le fait, être regardé comme démissionnaire
» de la pairie. » Qu'aurait-il à répondre ?
Voilà l'ordonnance du 24 juillet.

Qu'est-ce à présent qu'une Chambre de pairs, c'est-à-dire, de souverains, dont le ministère retranche à volonté vingt-huit membres, sans que personne murmure, pour l'augmenter bientôt de quatre-vingts autres, pris, la plupart, dans les rangs de ceux qui, par intérêt ou par systême, s'étaient montrés les adversaires les plus implacables de ce que la révolution avait produit ?

Voilà comment ils ont montré leur prévoyance et leur habileté, ces fameux hommes d'état qui, lors de la seconde restauration, se chargèrent si imprudemment de nos destinées, et qui ne réussirent qu'à amonceler sur nous les orages dont ils furent les premières victimes. Leurs opérations sur la Chambre des pairs devaient nécessairement amener tôt ou tard la contre-révolution, ou l'ordonnance du 5 mars 1819, que j'appelle aussi *un coup d'état* : car il est sans exemple que, dans des temps ordinaires, un ministère se permît, en faisant créer plus de 60 pairs à la fois, d'aliéner ainsi, pour un temps indéfini, la plus noble partie de la prérogative royale.

Ça donc été une suite de grandes fautes, et peut-être de fautes irréparables, dont nous recueillerons un jour les fruits, que cette succession de coups d'état, par lesquels on a donné la vie à l'un des pouvoirs de la société, à celui qui devait être à la fois l'image et l'une des garanties de la stabilité et de la perpétuité du trône.

Ainsi, un grand nombre de pairs, nommés suivant le besoin des circonstances, appelés à la première dignité de l'état, sans autre titre que l'affection ou la parenté d'un ministre, n'ont offert aucune des conditions que la pairie exige ; ainsi, il semble qu'on ait pris plaisir à nous faire une Chambre des pairs en sens inverse de ce qu'elle devait être.

Que demandait-on, en effet, à la pairie nouvelle ? De garder fidèlement et de défendre avec courage la Charte et les doctrines libérales qui en dérivent ; et, pour garantie, une indépendance assurée, et contre les séductions du pouvoir, et contre l'influence des passions populaires : car telle est la haute sphère où la pairie a été placée, qu'il semble que sa principale, peut-être son unique fonction, soit de maintenir avec une inébranlable fermeté l'équilibre du corps politique.

J'ai parlé d'*indépendance* ; mais je ne puis concevoir cette indispensable condition de la pairie, si le citoyen qui en est revêtu, ne réunit point une illustration héréditaire ou personnelle, un attachement incontestable aux principes consacrés par la Charte, et une grande fortune inséparable de son titre.

A Dieu ne plaise que je veuille porter atteinte à tout ce que méritent de respects les beaux noms qui brillent aujourd'hui dans notre Chambre des pairs !

Mais enfin la France est-elle si pauvre de noms vraiment illustres, après une révolution qui a mis en honneur tant de talens et tant de vertus, qu'elle soit réduite à apprendre l'existence de plusieurs pairs par l'ordonnance qui les a nommés ? Après quelques mois, on se demande encore leurs services, leurs titres à la reconnaissance nationale, et jusqu'à leur pays.

Une erreur plus grave encore a été commise : des hommes avaient tout perdu par la révolution ; leurs priviléges, leur fortune, tout leur patrimoine avait été dévoré par elle ; et c'est à leur garde qu'on a confié les principes nés de cette révolution, par laquelle ils ont été dépouillés et proscrits : principes qu'on a pourtant reconnu indispensable d'admettre comme fondement d'un nouvel ordre social !

Ces hommes ont de grandes vertus : je le sais, et je m'incline devant eux avec respect ; mais je leur préfère encore le salut et la paix de mon pays. Or, je dis qu'il leur faudrait une vertu plus qu'humaine pour défendre aujourd'hui les maximes contre lesquelles ils se sont armés, et pour se détacher irrévocablement des préjugés, des habitudes de leur jeunesse, des souvenirs poignans de leurs adversités. Oui, sans doute, il faudrait une vertu plus qu'humaine : aussi voyez quelle vénération entoure les noms patriotiques des Broglie, des la Rochefoucaut, des Choiseul, des la Fayette, des d'Argenson !

Il était politique, il était juste de faire entrer quelques représentans de la France féodale dans une chambre des pairs, fille du 19e. siècle : c'était un grand bonheur de pouvoir établir là, sans danger, un débat inégal, mais nécessaire, entre les prétentions de l'ancien régime et les droits du nouveau. L'état en eût été agité, comme il convient à un état libre, mais non troublé. La paix, mieux assurée par cette lutte, serait descendue des hautes régions de la pairie dans les classes inférieures de la société. Mais la condition expresse était que ces prétentions ne seraient jamais élevées et soutenues que par une faible minorité ; toujours vaincues, elles se seraient usées par le temps. Il fallait surtout, et il faut encore aujourd'hui, se garder d'adjoindre à ces pairs de France qui se proclament monarchiques sous la Charte, des auxiliaires plus dangereux qu'ils ne le sont eux-mêmes : je veux parler de ces hommes de tous les régimes, qui, transfuges du camp où ils firent fortune, esclaves de tous les pouvoirs, ne peuvent offrir à la liberté que des noms fameux par leur dévouement au despotisme et aux doctrines serviles.

Qu'une majorité se forme encore avec de pareils élémens, qu'arrivera-t-il ? La brisera-t-on ? Et par quels moyens, bon dieu ! Faudra-t-il la suivre ? C'est alors que la monarchie constitutionnelle pourrait, avec vérité, se réduire à une *question de temps*. *Di, meliora piis !*

La première condition de la pairie est donc une indépendance morale qui s'allie inséparablement avec l'amour de la liberté, c'est-à-dire, des principes sanctionnés par la Charte. Si leur conduite antérieure a donné à la nation des gages de cette indépendance, qu'ils ornent notre Chambre des pairs, ces anciens seigneurs des Francs, dont l'histoire a consacré les

noms ; qu'ils mettent leur gloire à se confondre avec ces citoyens nouveaux , il est
vrai, mais que la génération actuelle a dé-
claré illustres , parce qu'elle les a vus servir
la patrie et la liberté toutes les fois que la
liberté et la patrie purent être servies.

Il est pourtant une autre garantie en
quelque sorte matérielle, mais que la France,
pour fermer le cercle de ses révolutions , a
dû exiger de ceux qui aspirent au pénible
et périlleux honneur de se montrer les in-
tègres gardiens de la fortune publique et
des franchises nationales : c'est la garantie
d'une fortune personnelle et d'une existence
indépendante.

La Charte exige de nos députés la
preuve d'un revenu considérable , et la
loi des élections déclare leurs fonctions
gratuites. La rigueur de cette disposition
se maintiendra long-temps , parce que des
députés français craindront toujours de
faire une loi pour se faire allouer une in-
demnité quelconque ; mais l'expérience
montrera si cette règle, en ce qui concerne
la seconde Chambre, est aussi favorable qu'on
l'a cru , au meilleur choix des députés. Toujours est-il certain , quant à présent, que

plusieurs, et bientôt la plupart d'entr'eux, sont venus et viendront à Paris sacrifier leur fortune et leur temps à remplir leurs fonctions législatives. Honneur à leur désintéressement !

Mais la Chambre des pairs, qui est, en quelque sorte, la tête de la grande aristocratie de France, qui a des priviléges dans le pays de l'égalité, qui doit réunir à l'importance de ses fonctions législatives, la dignité d'un grand jury national, la Chambre des pairs n'a demandé jusqu'à présent à ses membres aucune garantie de fortune : ils doivent faire des majorats à divers titres; mais une ordonnance royale peut en dispenser. Il est vrai qu'elle se compose de pensionnaires de l'état ou de la couronne, de militaires en activité de service, de directeurs-généraux des finances, de conseillers d'état, de maîtres des requêtes, de préfets; tous fonctionnaires salariés et révocables.

Certes, c'est avoir une étrange idée de la pairie, que de l'assouplir ainsi à tous les caprices du pouvoir exécutif.

On a agité la question de savoir jusqu'à quel point il y avait incompatibilité entre la pairie et d'autres fonctions publiques.

Cette question me paraît facile à résoudre.
La pairie étant une portion de la souveraineté, et en même temps une haute magistrature, dont la juridiction est de juger les
ministres prévaricateurs, tout emploi déri-
vant du pouvoir exécutif, et révocable à sa
volonté, est incompatible avec la pairie.
Toute pension non conférée par la loi (1),
tout traitement pour des fonctions révocables, ne doit être regardé que comme un
moyen détourné de corrompre les suffrages.
Eh quoi! un ministre a trahi l'état; les pairs
s'assemblent pour le juger; et parmi ces pairs,
siégeront des préfets, des directeurs de
finances, des conseillers d'état ! Qu'on se
figure la nation, attentive et émue à un
spectacle si nouveau : en vain la justice aura

---

(1) Je ne parle point des pairs, anciens sénateurs,
auxquels une ordonnance, publiée en même temps
que la Charte, a assuré une pension viagère; c'est un
bienfait irrévocable dont le Roi a voulu récompenser
des services qu'il a reconnu avoir été rendus à l'état,
même en son absence; et sa parole royale n'a pu faire
de promesses vaines, dans un moment où il était encore revêtu de la pleine souveraineté qui nous donnait
la Charte.

pris ses balances ; on demandera toujours
aux juges de ce grand débat des garanties
d'indépendance et d'impartialité, sans lesquelles le moindre tribunal ne peut exercer aucune influence sur l'opinion publique.
Il faudra bien alors, mais trop tard peut-
être, rompre ces liens de subordination,
incompatibles avec le caractère de la souveraineté.

Un pair de France ne peut même être
électeur ; car, stipulant pour lui-même
dans sa Chambre, il ne peut déléguer
le droit de le représenter à la Chambre des
députés.

« Vous voulez donc, nous dira-t-on, re-
» trancher les pairs de France de la société,
» puisque vous leur en refusez les avantages ?
» Vous voulez donc vous priver, pour l'exé-
» cution des lois et pour le commandement
» des armées, des talens qu'ils pourraient y
» apporter ? »

D'abord, le fils d'un pair de France, tant
qu'il n'est point appelé à la pairie, est un
simple citoyen ; il peut parcourir toute la
hiérarchie des fonctions publiques. Parvenu
à la pairie par le droit de sa naissance, il
peut, comme tout autre pair nommé par le

Roi, garder les titres, les dignités qu'il aura obtenus, mais pourvu que ces titres, ces dignités soient inamovibles, et que, ne dépendant point des ministres, il ne puisse en être privé sans jugement. Ainsi, il pourra rester magistrat, et garder ses titres militaires. Mais, dans tous les cas, quel inconvenient y aurait-il à ce qu'un pair de France plaçât toute sa gloire à remplir les nobles fonctions dont il est revêtu, et qu'il ne portât point ailleurs les talens dont il est doué ? Sa carrière n'est-elle donc point assez belle ? Les administrateurs, les financiers nous manqueront-ils ? N'est-ce donc point le sort le plus digne d'envie, d'être appelé, par le choix de son Roi, et ensuite par sa naissance, à concourir à la législation de sa patrie ?

Je le dis avec pleine conviction : si un pair de France a une grande fortune, il est indigne de lui de toucher un salaire, n'importe à quel titre. Si sa fortune n'est pas suffisante pour soutenir sa dignité, qu'il la refuse noblement, ou du moins qu'il en suspende l'exercice jusqu'à d'autres temps : il y aura plus d'honneur dans cette abnégation, que dans la nécessité d'aller mendier la faveur, et engager son suffrage dans les salons des hommes puissans.

Je n'ignore pas pourtant combien la révolution a divisé les grandes fortunes, par mille causes qu'il n'est pas de mon sujet d'énumérer; je sais qu'il est des citoyens dont la France reconnaissante a recueilli les noms, et qui sont sortis des grands emplois de l'état, pauvres et illustres; je sais tout ce que les majorats entraînent de tristes conséquences, même pour la pairie. Un pair de France, que la nation estime et chérit comme l'un des plus intrépides défenseurs de ses libertés, a signalé lui-même les abus et l'injustice de ce systême des majorats; systême évidemment contraire aux principes de l'égalité politique et civile.

Mais est-il moins vrai que notre Chambre des pairs, du côté de la fortune et de la propriété, a moins d'indépendance réelle que la Chambre des députés? Là est la faiblesse mortelle de la pairie. Je ne veux point dire le seul remède que le grand, le suprême intérêt de l'état conseillerait d'y apporter; c'était chose facile en 1814; aujourd'hui il faut se taire, et s'arrêter devant les difficultés des temps.

Le sénat, dans le projet de constitution qu'il avait préparé, sur l'invitation trompeuse des puissances étrangères, après la chute de Napoléon, avait mis une disposition éminemment politique, et qui fut malheureusement rejetée : c'était d'attacher à une pairie héréditaire une dotation inaliénable, dût cette dotation être fournie par l'état, à la charge de reversion lors de l'extinction de la pairie. Le ridicule crut alors faire justice d'une pensée qui, si elle eût été entendue, nous sauverait peut-être aujourd'hui de beaucoup d'embarras. Qui eût osé, en effet, proposer sérieusement de doter les sénateurs de Bonaparte ? De véritables hommes d'état se seraient élevés au-dessus des circonstances du moment. Ils auraient fondé la pairie, et appuyé le trône sur une institution durable, que le 20 mars n'aurait pas ébranlée, ou plutôt détruite sans effort : ils auraient ainsi imposé aux ministres à venir l'obligation d'être avares d'une faveur qui aurait dû grever la nation d'une charge nouvelle; ou du moins cette faveur n'eût plus été accordée que dans des circonstances rares, et pour des services éminens.

Rien de tout cela n'a été fait. Quel sera donc le sort d'une pairie qui, devant représenter l'aristocratie de France, est pauvre, et payée par le trésor de l'état ou de la couronne ? Que sera-ce enfin, si cette pairie, ainsi faite et défaite par coups d'état, déclare imprudemment la guerre à la liberté publique, et rouvre elle-même la carrière des révolutions ? Transplantée des pays étrangers, cette institution jettera-t-elle des racines sur le sol de France; ou, née du sein des orages, périra-t-elle dans des tempêtes nouvelles ?

Cela mérite qu'on y songe; et chaque pair de France, les yeux fixés sur l'avenir, peut dire comme Hamlet : Être ou n'être pas, voilà la question.

To be, or not to be ; that is the question.

FIN.